EL ÉXITO INMOBILIARIO

LO QUE DEBES CONOCER ANTES DE COMPRAR O VENDER UNA PROPIEDAD EN FLORIDA

Daniella Mateu

El éxito inmobiliario

LO QUE DEBES CONOCER ANTES DE
COMPRAR O VENDER UNA PROPIEDAD
EN FLORIDA

El éxito inmobiliario. Lo que debes conocer antes de comprar o vender una propiedad en Florida

©Daniella Mateu

Colaboradores:

©*Mauricio Ordonez*, The Q Kapital Group, Mortgage Lender. President | Founder | CEO NMLS 381326, NMLS 381490, 18851 NE 29th Avenue | Suite 104, Lobby, Harbour Center (UBS Building), Aventura, Florida 33180, +1.305.705.0080 • Office, +1.305.785.8723 • Mobile / WhatsApp.

©*Carlos M. Castellon*, CPA, Certified Public Accountants & Consultants, 2600 S. Douglas Rd, Ste 1000, Coral Gables, FL 33134, Tel. +1 (786) 391-3721 | Fax +1 (786) 513-2288, www.castellonpl.com (http://www.castellonpl.com/).

©*María Pablos*, PENINSULA TITLE CORP. (305) 500-9938 Ext. 205, (305) 455-0495 Fax, maria@peninsulatitle.org (maria@peninsulatitle.org), 8726 NW 26 Street, Unit 26, Doral, FL, 33172, www.peninsulatitle.org (http://www.peninsulatitle.org/).

ISBN: 9798870547671

Sello: Independently published

2023

Publicado en Estados Unidos

Páginas: 90

Portada y contraportada: ©Valentina Dallos

Fotografía: Enrique Tubio (786 355 3021)

Maquillaje: Luis Enrique Urbano (786 624 9129)

Peinado: Luis Enrique Risso (786 805 5621)

Se prohíbe la reproducción total o parcial de la presente obra, restringiendo, además, cualquier compendio, mutilación o transformación de esta por cualquier medio o procedimiento. Se permite la reproducción parcial, con el debido crédito a la autora.

ÍNDICE

Presentación 7
Advertencia legal 11
Introducción 13
    Palabras a mis colegas agentes inmobiliarios 13
Agradecimientos 15
Capítulo 1 Comprando o vendiendo tu propiedad con éxito: pasos claves 17
Capítulo 2 Seleccionando un asesor inmobiliario 21
Capítulo 3 Financiamiento para locales y extranjeros 27
    Los errores más comunes que cometen los compradores al solicitar un crédito hipotecario: 28
    Algunos consejos de Mauricio Ordóñez de Qkapital son: 28
    Tipos de financiamiento: 29
    Requisitos de cuota inicial (downpayment): 30
    Préstamo hipotecario convencional: 30
    Requisitos de cuota Inicial (downpayment) 5% o más: 31
    Préstamos para extranjeros (Foreign National Loan): 31
    Cuota inicial (downpayment): 32
    Preguntas que se deben hacer a la institución financiera antes de obtener una hipoteca: 32
    Requisitos para aplicar a un préstamo hipotecario para clientes locales: 32
    Requisitos para aplicar a un crédito hipotecario siendo extranjero: 33
    Costos de cierre con financiamiento 33
Capítulo 4 Buscando tu propiedad ideal 35

Capítulo 5 ¿Cómo hacer una oferta de compraventa efectiva? 41
    El período de inspección: 41
    La valuación (appraisal): 42
    Definiciones importantes: ¿Qué es una oferta en términos inmobiliarios? 42
    Contraoferta: 43
    Pregúntale al vendedor o al agente representante del vendedor: 43

Capítulo 6 Seguros de propiedades 45
    Definición de deducible: 46
    Seguro para propietarios de vivienda: 46
    Seguro hipotecario: 46
    Póliza de protección de responsabilidad civil (liability): 46
    Seguro de inundaciones: 46
    ¿Cuándo es obligatorio tener un seguro contra inundaciones? 47
    Seguro de propiedad personal: 47
    Seguro de reparaciones: 47

Capítulo 7 Asesoría contable 49

Capítulo 8 Comprando en preconstrucción 53

Capítulo 9 Gastos de cierre 57

Capítulo 10 Compañía de Títulos y cuenta fiduciaria (escrow) 61

Capítulo 11 Vendiendo tu propiedad 65

Capítulo 12 Invirtiendo en propiedades para alquilar 69

Glosario 75

Bibliografía 89

Presentación

Daniella Mateu es emprendedora, madre de dos hermosos hijos, esposa y mujer de negocios. Graduada en su natal Venezuela como abogada, trabajó durante muchos años en el mundo de las telecomunicaciones como modelo, actriz y animadora de televisión. Además, incursionó en el mundo de bienes raíces en Florida, asumiendo el reto del trabajo independiente. Es comprometida con la excelencia, la ética y el profesionalismo hacia sus clientes, lo cual ha hecho con éxito por muchos años, especialmente en el campo de la asesoría e inversiones en bienes raíces.

Daniella cree firmemente que el constante aprendizaje y la preparación son la clave para brindarle a sus clientes una asesoría cinco estrellas, junto con las últimas tendencias del mercado de bienes raíces y la nueva tecnología, logrando una ventaja al presentar a sus clientes opciones de inversión y asesoría totalmente actualizada. Su logo es la confianza.

Además, está convencida de que la mejor manera de disminuir posibles riesgos en una transacción inmobiliaria es estar bien informado y caminar de la mano con un profesional que te brinde asesoría completa, acompañado de un equipo integral.

La asesoría con Daniella cuenta con servicios en áreas como:

- Inmobiliaria (búsqueda de la propiedad).
- Financiamiento.
- Legal.
- Contable.

"Un profesional con conocimiento te hace un experto. Tener un equipo con conocimiento te hace imparable..."
– Daniella Mateu

Advertencia legal

Este libro le brinda al lector información útil y confiable, basada en conocimientos, estudios y entrenamiento que he adquirido en el transcurso de mis años de experiencia como agente inmobiliario, licenciada en el Estado de la Florida de Estados Unidos de América. Es importante destacar que el mercado inmobiliario es muy cambiante y dinámico, por ende, esta guía no sustituye la asesoría de un profesional con amplia experiencia en la rama. A fin de garantizar una transacción y un cierre exitoso, recomiendo trabajar con un equipo de asesores completo: abogados, contadores, profesionales en financiamientos y un asesor en bienes raíces con experiencia para evitar errores en el proceso.

Esta guía en ningún momento busca influenciar la toma de decisión al realizar una transacción de compra o venta inmobiliaria. La finalidad es brindar una información completa y basada en datos recolectados en la materia, a fin de que las decisiones sean individuales, según las necesidades de cada cliente.

Toda información recolectada está sujeta a cambios e intereses de cada persona, como calificación del cliente, presupuesto, etc.

Daniella Mateu no es prestamista ni abogada en la Florida, por lo tanto, es importante ponerse en contacto con uno de ellos para una asesoría personalizada según el caso.

Introducción

La pasión por lo que hago y mi relación cercana con mis clientes han logrado que adquiera cada vez más conocimiento y preparación en el campo inmobiliario. Estas ganas de compartir esa información son las que me han motivado a crear esta guía informativa.

Creo fielmente en que cuando amas lo que haces pones el corazón y la ética por encima de cualquier interés monetario. La excelencia es el motor que me impulsa a diario y el éxito inmobiliario de mis clientes es mi satisfacción más grande. Es por eso que soy fiel creyente en las relaciones a largo plazo.

"El éxito inmobiliario" es una guía informativa dedicada a toda persona que quiere estar bien informada de cómo es el proceso inmobiliario en la Florida. Aquí encontrarás los puntos más relevantes para obtener un panorama más claro de los pasos a seguir antes de incursionar en el mundo de los bienes raíces, bien sea como comprador de tu primera vivienda, como inversionista o si deseas vender tu propiedad.

Espero que este, mi primer libro, sea de gran ayuda para el momento en el cual decidas comprar y/o vender una propiedad.

Palabras a mis colegas agentes inmobiliarios

En el transcurso de los años he aprendido que para construir un verdadero negocio inmobiliario tenemos que trabajar en equipo, pues el entorno te hace retroceder o crecer. También he aprendido que el éxito se logra con la constancia y la suma de pequeños esfuerzos, y que para ver resultados diferentes hay que hacer cosas diferentes. Trabajemos juntos, **ÚNETE A MI EQUIPO**. Aquí encontrarás todas las herramientas que necesitas para hacer crecer tu propio negocio inmobiliario…

Para consultas, comentarios y/o asesoría personalizada, puedes contactarme a través de mis redes sociales:

Correo electrónico: Daniellamateu@yahoo.com

Número de contacto y WhatsApp: +1-786-660-5486

Facebook: @soyDaniellamateubroker

Instagram: @soyDaniellamateubroker

YouTube: Bienes raíces en Florida con Daniella Mateu

Agradecimientos

Agradezco primero que nada a Dios por acompañarme y guiarme siempre, por mostrarme el camino y bendecirme con mi familia y un trabajo que me apasiona.

A mi esposo, Carlos, quien me impulsa a diario a querer lograr mis metas.

A mis adorados hijos, Matthias y Martina, que son el motor de mi vida, las personitas que me motivan a querer ser cada vez mejor.

A mi madre, gracias por estar conmigo siempre, te amo.

A mis hermanas y mis sobrinos por siempre estar presentes en mi vida, los amo. A Mari Martínez, quien me presentó la oportunidad de ser parte del equipo C5 global, el cual ha sido determinante en el desarrollo de mi negocio inmobiliario.

A mi asistente, Joel, que con su profesionalismo y ganas de hacer las cosas me apoya y me facilita la vida.

A mi segundo Bróker, Robson Monteiro, de Monteiro International Realty Corp., por haberme enseñado y brindado las herramientas en mis inicios. Te estaré eternamente agradecida.

A mis coaches Orlando Montiel y Daniel Montiel (The Montiel Organization) por enseñarme que el éxito se logra con la disciplina, la constancia, dedicación y, sobre todo, la excelencia; y que los hábitos de hacer pequeñas cosas a diario logran grandes resultados.

A mi colega Melissa Echeverri, por darme información valiosa para poder diseñar e imprimir este maravilloso sueño.

A mis colaboradores que con su aporte y conocimiento hicieron este libro posible:

Mauricio Ordoñez de QKAPITAL Mortgage Lender, en el capítulo referente a financiamiento, especialmente en los préstamos para extranjeros.

Carlos M. Castellon, CPA de CASTELLON/ HALLOUN, Certified Public Accountants & Consultants, por su apoyo en el capítulo de asesoría contable.

A María Pablo, de la Compañía de Títulos, Peninsula Title Corp., por su valiosa colaboración y, especialmente, por escribir el capítulo 9 (Compañía de Títulos) y el capítulo 10 (cuenta fiduciaria).

A Enrique Tubio por las fotografías, a Luis Enrique Risso por el arreglo del cabello y a Luis Enrique Urbano por el maquillaje. Ustedes hicieron posible las fotografías para este libro.

A mis clientes por creer en mí y entregarme su confianza, por formar parte de mi vida y mi carrera. Ustedes son mi inspiración.

Capítulo 1
Comprando o vendiendo tu propiedad con éxito: pasos claves

Desde el momento en que tomamos la iniciativa de comprar o vender una propiedad es de suma importancia estar bien informados. Probablemente estés pensando que es más fácil realizarlo solo, ya que hoy en día existen diferentes vías de búsqueda de propiedades, pero ¡**ALTO**! ¿Sabías que comprar o vender una propiedad implica responsabilidades legales, financieras, tributarias, entre otras? La iniciativa de comprar o vender una propiedad quizás sea una de las decisiones más importantes de tu vida, pues puede estar en juego no solo tu dinero, sino tu tranquilidad. Por ello, es de gran valor trabajar de la mano con expertos y estar bien asesorado para garantizar el éxito de principio a fin. En ese sentido, es importante destacar lo que en mi experiencia y conocimiento en bienes raíces son puntos claves para una operación compraventa exitosa: contar con un asesor inmobiliario, financiamiento, asesoría tributaria y contable, búsqueda de la propiedad, oferta y negociación, contrato y, por último, cierre exitoso. Ahora veámoslo un poco más a detalle.

1. **Asesor inmobiliario:** La elección del agente inmobiliario es uno de los pasos más importantes a la hora de realizar una transacción inmobiliaria, debido a que es la persona que va a caminar de la mano contigo desde el principio hasta el final. Es de suma importancia a la hora de elegir que el agente sea suficientemente experimentado, ya que no solo se trata de vender una propiedad, sino que va a ser quien te va a asesorar en cada paso de la operación. Debe ser capaz de resolver cualquier contratiempo en el camino de una manera profesional, también es recomendable que cuente con un equipo de profesionales tales como: financiamiento, abogado

en bienes raíces, Compañía de Títulos, inspectores y un asesor tributario, para que así tengas la atención **cinco estrellas** que mereces. Dada la gran importancia de esta elección, dedicaré un capítulo completo más adelante.

2. **Financiamiento:** El financiamiento hipotecario comienza con una precalificación bancaria, no es más que determinar tu capacidad financiera para la compra de una propiedad y poder cumplir con las responsabilidades económicas que acarrea el pago inicial, los costos de cierre, los pagos mensuales de la hipoteca, los pagos de mantenimiento (Hoa) y los impuestos. Este tema lo trataré más adelante en el capítulo de financiamiento para locales y para extranjeros.

3. **Asesoría tributaria y contable:** Durante la última década las Compañías de Responsabilidad Limitada (LLC) se han convertido en la estructura de empresa preferida para adquirir propiedades en los Estados Unidos, pero, a pesar de los beneficios que ofrecen, no necesariamente es la mejor forma de adquirir bienes raíces para todas las personas. Por eso, es de suma importancia trabajar con un experto, a fin de determinar cuál es la mejor forma de comprar o vender según tu caso, y así beneficiarte en el tema de impuestos existentes, beneficios impositivos, impuestos sobre la herencia, oferta, entre otros. Más adelante trataremos este tema a profundidad.

4. **Búsqueda de la propiedad:** Antes de comenzar con la búsqueda de la propiedad es importante determinar cuál es el objetivo principal de tu compra y/o venta. Las necesidades no son las mismas para todas las personas, es por eso que te debes preguntar **¿por qué quiero comprar o vender?** Mi enfoque como profesional en bienes raíces es encaminarte y anillarte a tus necesidades. Por ejemplo, en el caso de que desees comprar una propiedad es fundamental conocer el objetivo de tu compra, si es para generar ingresos, por revalorización o protección de capital. Si el motivo principal es comprar el

inmueble para vivir en él, la propiedad debe buscarse con ese propósito, teniendo en cuenta el área, las escuelas, los espacios de la propiedad, así como la cercanía de tu trabajo y donde te desenvuelves a diario. En el caso de la venta de una propiedad, de igual manera es importante conocer **por qué estás vendiendo**, si es para cambiarte de domicilio, por falta de liquidez o causas personales como divorcio, herencia, entre otros. Este determinará cuánto tiempo tienes para cerrar esta operación, así como el precio mínimo que estás dispuesto a recibir. En el capítulo correspondiente a este tema lo veremos a profundidad.

5. **Oferta y negociación:** Luego de la elección de la propiedad comenzamos con realizar una oferta. La oferta y la negociación se debe hacer por escrito para que luego de la aprobación del propietario sea firmada por ambas partes. El documento de la oferta se convierte en el contrato de compra, luego de ser ejecutado por la contraparte (vendedor). Por lo tanto, debe ser escrito con los términos y condiciones establecidos por el comprador. Los tiempos del contrato son la esencia y es imperativo que estos sean determinados para que sean cumplibles, ya que si alguno de estos no se cumple en el tiempo establecido el comprador estará faltando al acuerdo y, como consecuencia, su depósito estaría en riesgo. En el capítulo correspondiente a cómo hacer una oferta en compraventa estaré describiendo los puntos más importantes a tener en cuenta para hacer una oferta efectiva, así como los tiempos y las oportunidades en el contrato para la negociación.

6. **Contrato:** Como comenté en el punto anterior, el contrato de compraventa es la oferta inicial ya ejecutada por ambas partes. Ambas partes estarán legalmente obligadas a la transacción y al contrato. Asegúrate, si estás aplicando para un préstamo hipotecario, de los tiempos para solicitar este financiamiento, así como las contingencias financieras para que estés bien

protegido en el transcurso de este proceso. Como en el punto anterior, lo veremos a detalle en el capítulo de cómo hacer una oferta de compraventa efectivamente, donde estaremos tratando los puntos más importantes para que estés bien informado de las responsabilidades antes de entrar en este proceso.

7. **Cierre exitoso:** Esta es la etapa final de este proceso, la Compañía de Títulos recibe los fondos de la institución financiera o del comprador, si la operación es de contado. El papel de esta compañía en la operación de compraventa es vital para que sea posible, a mi parecer, ya que así se realizan las operaciones y transferencias en Estados Unidos, puesto que la Compañía de Títulos es la encargada de preparar los títulos y hacer todas las diligencias previas para poder llegar a la fase de cierre. Seguiré brindándoles los detalles en el capítulo correspondiente.

Capítulo 2
Seleccionando un asesor inmobiliario

En este capítulo trataremos los siguientes puntos:
1. ¿Quién es un agente inmobiliario?
2. ¿Cuál es el papel que juega un agente inmobiliario en su proceso de compraventa?
3. ¿Cómo seleccionar un agente inmobiliario?
4. ¿Quién paga la comisión del agente?

1. ¿Quién es un agente inmobiliario?

Un agente inmobiliario es un profesional que ha aprobado su examen en el campo de bienes raíces y posee una licencia como agente inmobiliario respectivamente. Pertenece a la Asociación Nacional de Realtor (NAR) y sus actividades son reguladas por el Departamento de Regulación Comercial y Profesional de la Florida (DBPR).

2. ¿Cuál es el papel que juega un agente inmobiliario en su proceso de compraventa?

Uno de los errores más comunes que comete un comprador y/o un vendedor es no estar bien asesorado en su proceso inmobiliario. El papel que juega un agente o asesor inmobiliario es fundamental para lograr una culminación exitosa. Cuando hablamos de ser agente inmobiliario es importante destacar que no significa automáticamente ser un asesor inmobiliario. El agente inmobiliario o realtor tiene licencia para vender, participar en transacciones inmobiliarias para un tercero y recibir una remuneración monetaria por esto. Un asesor inmobiliario es como su palabra lo indica: asesorar tanto a compradores como a vendedores paso a paso sobre cómo y cuál es la mejor opción, anillando la propiedad ideal de acuerdo con tus necesidades.

Un asesor inmobiliario tiene un equipo integral de asesoría completa: financiamiento, contabilidad, tributación, legal, inmigración, entre otros. Estar acompañado por un asesor inmobiliario, especialmente cuando se trata de clientes que no conocen el mercado y las implicaciones legales, financieras y tributarias, es determinante para la operación inmobiliaria que se pretende hacer, a fin de que se convierta en una experiencia exitosa desde el principio hasta el final. Es recomendable, antes de seleccionar el asesor inmobiliario que te va a acompañar en el proceso, que este sea un profesional experimentado, eficiente, que trabaje con ética y responsabilidad; que posea conocimiento en el área y, sobre todo, que tenga capacidad suficiente para orientar, satisfacer interrogantes, aclarar posibles dudas, eliminar temores, advertirte de eventuales riesgos y resolver cualquier situación que se presente en el camino de la transacción.

Si se trata de una compra de una propiedad para generar ingresos, el asesor debe ser capaz de conocer la capacidad de rentabilidad de las opciones que presente, así como la revalorización que se proyecta en el área que se esté considerando como inversión; conocer los fundamentos claves de por qué es una buena opción y conocer los pros y los contras de la propiedad, como los números proyectados, comparables, etc.

Cuando hablamos de por qué es fundamental estar al lado de un profesional en bienes raíces a la hora de vender una propiedad es porque el agente inmobiliario puede mostrar tu propiedad a muchos más compradores, y, por lo tanto, tienes mayores probabilidades de vender más rápido y a mejor precio.

Mayor exposición publicitaria: La publicidad de la propiedad que proporciona un agente inmobiliario aumenta considerablemente la posibilidad de venta del inmueble. De acuerdo con National

Association of Realtor, solo el 10% de todas las casas en el 2021 fueron vendidas directamente por sus dueños sin la ayuda de un agente inmobiliario. También, según estadísticas nacionales, el average típico de precio de venta promedio del FSB fue 19% por debajo, comparado con el average de precio por venta de propietarios asistidos por un agente inmobiliario.

Mayor tiempo para mostrar la propiedad: La forma de vender una propiedad es mostrándola. El agente inmobiliario estará disponible para ello, especialmente los fines de semana. Este prepara la propiedad para presentarla lo más atractiva posible a los potenciales compradores. Pues, una de las razones por la cual se contrata a un agente inmobiliario es para facilitar este trabajo tan pesado, sobre todo si tienes una agenda ocupada y agregar nuevos compromisos, como mostrar una propiedad, no es tan fácil.

Mayor seguridad: Dejar entrar a cualquier individuo con la excusa de que quiere comprar tu casa es sumamente riesgoso e inseguro para ti y para tu familia. Cuando estás representado por un agente inmobiliario este se encarga de hacer los filtros necesarios antes de mostrar la propiedad. Cualquier cliente potencial debe comunicarse directamente con su agente del listado, no contigo. El agente del listado se encarga de solicitar antes de la muestra la carta de calificación bancaria o prueba de fondos, así como si estás trabajando directamente con otro agente inmobiliario.

Responsabilidad del vendedor al suministrar información errónea: El vendedor debe suministrar por ley toda la información necesaria al comprador. Por ejemplo, Addendum Lead - Paint Disclosure, para propiedades construidas antes de 1978, Property taxes Disclosure, Seller Property Disclosure, Addendum de la asociación, Gas Radon Disclosure, Energy Efficiency, entre otros.

De acuerdo con el reglamento del estado, si no proceden de manera diligente pueden sufrir repercusiones legales e incluso los costos serían mucho mayores al que hubiese cobrado un agente inmobiliario.

Tiempo de venta: Un agente inmobiliario te debe proporcionar un plan de mercadeo y estrategias para posicionar tu propiedad como la primera opción para los clientes potenciales. Y, de esta manera, acelerar el proceso de venta al mejor precio posible.

Para más información sobre el proceso de compraventa puedes contactarme:

WhatsApp: 786-660-5486

Correo electrónico: Daniellamateu@yahoo.com

Instagram: @soyDaniellamateuBroker

Facebook: @soyDaniellamateuBroker

YouTube: Bienes raíces en Florida con Daniella Mateu

3. ¿Cómo seleccionar un agente inmobiliario?

Seleccionar al agente inmobiliario que te va a acompañar en el proceso de compraventa es un punto clave para que nuestro proceso sea tranquilo y exitoso. Por ende, escoger al agente indicado es crucial. Aquí te dejo algunas recomendaciones que te ayudarán a escoger el agente inmobiliario indicado:

Verifica sus credenciales, experiencia y su conocimiento acerca del mercado: Es recomendable a la hora de escoger tu agente que consideres que sea un profesional proactivo, que tenga habilidades de negociar, con ética, preparado en la materia, actualizado 100% y comprometido con sus clientes. Trabajar con un agente con experiencia te dará la tranquilidad de que estás bien representado porque tu agente cuenta con suficiente conocimiento en contratos y habilidades para resolver cualquier contratiempo que pueda surgir en el camino de la transacción.

También es importante considerar que sea un profesional que trabaje a tiempo completo, ya que esto significa que tiene suficiente tiempo para ti. Antes de decidir quién será tu agente, investiga su reputación con antiguos clientes o con la compañía donde trabaja. Considera trabajar con un profesional que cuente con un equipo integral de asesoría, así tendrás una representación de alto nivel. En ese orden de ideas, es importante informar que la relación que adquieras con tu agente inmobiliario se debe basar en la confianza, el servicio, el conocimiento, la experiencia, la responsabilidad y el equipo de expertos que el agente pueda ofrecer, no en la exclusividad de las propiedades. Puesto que en la Florida y en otros estados la industria inmobiliaria está estandarizada por un sistema único de los agentes (no abierto al público) llamado MLS que conforma una red donde todos los agentes inmobiliarios tienen acceso al mismo inventario de propiedades.

4. ¿Quién paga la comisión del agente?

En el momento en que un propietario vendedor contrata los servicios de un agente inmobiliario se realiza un acuerdo o contrato de autorización para promocionar la propiedad en cuestión. Este acuerdo tiene el nombre de Listing Agreement. En dicho acuerdo se estipula cuál es el porcentaje de comisión que el agente recibirá a la hora del cierre de la transacción y el porcentaje que se le pagará. Este porcentaje es publicado en el sistema de múltiples listados MLS, junto con los demás datos de la propiedad. De esta manera, los agentes están al tanto de cuánto serán sus honorarios a la hora del cierre. Entonces, **¿quién paga la comisión?** El dueño de la propiedad siempre es el responsable de pagar la comisión, tanto en los casos de venta como de renta.

Los asesores de bienes raíces no son pagados ni por hora ni por finalización del trabajo realizado, solamente cobran si se logra la protocolización del cierre de la propiedad. El apoyo y asesoría de un profesional en bienes raíces representa cada dólar de la comisión, no importa si estás vendiendo o comprando un inmueble, asegúrate de trabajar con un agente de bienes raíces que cuente con el conocimiento, experiencia y equipo necesario para brindarte la asesoría que necesitas.

¿Como vendedor puedo ahorrarme la comisión? El 89% de todos los vendedores utilizan la asesoría y apoyo de un agente inmobiliario. Solo el 8% de todos los vendedores intentan vender la propiedad por su cuenta con el único propósito de ahorrarse la comisión que generalmente es un 6%. Sin embargo, es importante tener en cuenta que, de acuerdo con las estadísticas nacionales, para el **"For Sale by Owner"** el precio de venta es un 19% menor al que puede lograr con un agente inmobiliario. Si ese 19% se le resta el 6% de la comisión, el propietario representado por un agente inmobiliario lograría, por lo menos, un 13% más. Además, contaría con estos beneficios:

- Costo de publicidad impresa: volantes, folletos, Open Houses.
- Estimación de precio de venta y monitoreo del mercado.
- Selección de los potenciales compradores.
- Coordinación de visitas.
- Preparación de la propiedad.
- Implicaciones legales como vendedor.
- Seguridad y tiempo que te previenen de eventuales situaciones estresantes y de riesgo para ti y para tu familia.

Capítulo 3
Financiamiento para locales y extranjeros

Cuando hablamos de financiamiento estamos hablando del corazón de la transacción, si la compra se está realizando a través de este apalancamiento. La calificación bancaria es donde se evalúa la capacidad de compra, por ende, es recomendable antes de comenzar a buscar propiedades obtener la carta de calificación. Dicha carta te dará un panorama claro sobre el tipo de propiedad que podrás adquirir, basado en el precio, tipo de financiamiento, pago mensual, entre otros, y te dará un estimado de cuánto serán tus costos de cierre, basado en tus ingresos y en tu liquidez financiera para determinar tu pago inicial (downpayment). En este capítulo cuento con la colaboración de Mauricio Ordóñez de QKapital conocido en el mundo inmobiliario como el buró del financiamiento para extranjeros.

Hoy en día existen diferentes programas de financiamiento, con la ayuda de un corredor hipotecario o entidad financiera deberías ser capaz de encontrar el tipo de financiamiento que más te beneficie de acuerdo con tus posibilidades y necesidades. En este capítulo abordaremos los siguientes puntos:

- Los errores más comunes que cometen los compradores al solicitar un crédito hipotecario.
- Precalificación para un financiamiento.
- Preguntas que se deben hacer a la institución financiera antes de obtener una hipoteca.
- Requisitos para aplicar a un crédito hipotecario para los locales y los extranjeros.
- Costos de cierre con financiamiento.

Los errores más comunes que cometen los compradores al solicitar un crédito hipotecario:

Aquí te dejo algunos consejos para no cometer errores antes de comprar una vivienda a través de un crédito hipotecario:

1. **No hagas compras importantes a crédito:** Es un error muy costoso comprar los muebles, electrodomésticos o un automóvil a crédito en este proceso. Desde el momento en que estás aplicando para un financiamiento, elevar tu utilización de crédito afectará tu clasificación y tus deudas en relación con tus ingresos. Esto es traducido por la institución crediticia en que tendrás menor capacidad de pagar la hipoteca.
2. **No solicites nuevos créditos ni canceles ninguno de ellos:** Esto puede afectar negativamente tu calificación para la hipoteca que estás solicitando.
3. **No permitas que rueden tu crédito hasta que estés totalmente listo para solicitarlo:** Cada vez que alguien solicita su informe crediticio su puntuación baja entre 5 y 7 puntos.
4. **No movilices el dinero en lo posible:** Algunos bancos requieren que el solicitante mantenga un balance considerado que pueda satisfacer entre 2 y 6 meses del respectivo pago mensual.
5. **No te mudes si es posible:** La mayoría de las instituciones crediticias desean ver estabilidad y cambiar de residencia no es lo ideal. Permanece en la misma residencia hasta ser aprobado.

Algunos consejos de Mauricio Ordóñez de Qkapital son:

1. **No asesorarse con expertos en clientes internacionales:** Todo empieza por entender el contrato, si es sujeto a financiamiento o no y sus consecuencias. Si es sujeto al financiamiento qué sucede si el comprador no colabora en

cumplir la fecha que existe en el contrato y entender la importancia de lo que exigen los contratos de compra y venta.
2. **Escriturar las inversiones a título personal:** Al ser extranjero el hecho de no escriturar la propiedad como debe ser implica no blindar el patrimonio adecuadamente.
3. **El más importante:** la gran mayoría de los interesados en invertir en Estados Unidos son descalificados por sí mismos. Piensan que por el hecho de no tener historial de crédito en EE. UU., ingresos en el país o no tener ni siquiera una cuenta bancaria en EE. UU. tienen que invertir con la totalidad del valor de compra.

Por tanto, es importante entender que EE. UU., al igual que cualquier país del mundo, está en la necesidad de inversión extranjera y todo inicia con la inversión inmobiliaria. He aquí donde los bancos americanos tienen destinados billones de dólares al año para facilitar la inversión extranjera con créditos hipotecarios sobre las propiedades que compran.

Tipos de financiamiento:

Existen innumerables programas de financiamiento tanto para compradores locales como para extranjeros. Hay tres tipos de hipotecas para locales: FHA, VA Y CONVENCIONAL.

FHA: Como sus siglas indican, Federal Housing Administration, forma parte del departamento de vivienda y desarrollo urbano de los EE. UU. (HUD: Housing and Urban Development).

La FHA no otorga préstamos, sino que garantiza el aprobado del préstamo por el prestamista **local**, quien ofrece una variedad de programas de préstamos para compradores por primera vez de vivienda (para viviendas unifamiliares y multifamiliares). El seguro tiene como propósito proteger al prestamista (lender) contra pérdidas en caso de una ejecución bancaria.

Desde hace muchos años la FHA ha ayudado a que innumerables familias estadounidenses se conviertan en propietarios de viviendas.

Requisitos de cuota inicial (downpayment): La FHA requiere que los prestatarios aporten al menos un 3% de su propio dinero a la transacción, el cual puede ser en forma de una carta de donación o préstamo de un pariente.

Préstamo VA: El programa de préstamos hipotecarios de la VA fue creado para ayudar a los veteranos militares a financiar la compra de viviendas a precios razonables. El programa VA requiere el pago de una cuota inicial mínima o nula y ofrece a los veteranos requisitos de calificación relativamente fáciles, así como tasas de interés comparativamente bajas. El programa de préstamos hipotecarios de la VA garantiza préstamos hipotecarios a largo plazo, originados por prestamistas aprobados por la VA para viviendas ocupadas por sus propietarios, incluyendo condominios y casas móviles. Si no hay disponible dinero para hipotecas, la VA le prestará directamente al veterano.

Requisitos de cuota inicial (downpayment):

La VA no requiere una cuota inicial.

Préstamo hipotecario convencional:

Un préstamo hipotecario convencional es cualquier préstamo que no sea asegurado ni garantizado por una agencia del gobierno. Los préstamos hipotecarios convencionales realizados por las entidades prestamistas y los prestamistas privados son el principal método con el que se financian las viviendas unifamiliares. Por lo general, los estándares para calificar por un préstamo **convencional** son mayores que una hipoteca bajo los programas de la FHA o la VA.

Requisitos de cuota Inicial (downpayment) 5% o más:

Es importante destacar que, en el caso de los FHA y VA, la propiedad debe calificar para ello.

En el caso de FHA, la descripción legal de la propiedad debe contener **lote bloque**.

El préstamo **convencional** es el préstamo aceptado en todas las propiedades donde el vendedor y las reservas de la asociación lo permitan. Entendiéndose que para que un condominio sea financiable debe existir suficientes fondos de reservas, monetariamente hablando.

Préstamos para extranjeros (Foreign National Loan):

Por Mauricio Ordóñez de QKapital

El sistema hipotecario en EE. UU. es conocido como el sistema francés. Un sistema hipotecario que en cada cuota mensual se va reduciendo el valor principal del crédito.

Los créditos hipotecarios pueden ser a 15 o 30 años, lo interesante del sistema en USA es que el crédito a un extranjero es el mismo o quizás más sencillo que a un local. Lo espectacular del sistema americano es que no importa la edad que tengas para acceder a un crédito de 30 años, pues tu cuota mensual es baja y obtienes el flujo de caja mensual ideal para la inversión.

Los programas pueden ser ajustables (ARM, Adjustable Rate Mortgage) o fijos (FIXED), todo depende de la intención de la inversión.

Mauricio Ordóñez de QKapital dice que en la historia los compradores internacionales optan por tratar de pagar los créditos entre 5 a 7 años, y es por esto que es ideal la opción de créditos ajustables, ya que la tasa de interés es más favorable y la inversión más conveniente que en un plazo de 30 años, en este caso.

Cuota inicial (downpayment):

- 25% en casas.
- 30% en condominios con rentas largas.
- 35% en condominios con rentas cortas.
- 40% para Condo-Hotel.

Preguntas que se deben hacer a la institución financiera antes de obtener una hipoteca:

- ¿Qué penalidad tengo por pago anticipado?
- ¿Qué son puntos hipotecarios? Sabías que los puntos son pagos adelantados que se hace a la institución financiera para reducir la tasa de interés, cada punto cuesta 1% del préstamo. La mayoría de los bancos permiten hasta cuatro puntos. Mientras más pagues, menor será la tasa de interés.
- ¿Qué sucede en caso de fallecimiento?
- ¿Cuántas opciones de crédito me puede ofrecer?
- ¿Cuánto se demora el proceso?
- ¿Cuál es la manera de realizar el pago mensualmente si vivo en el extranjero?
- Al momento de vender, ¿cuál es el paso por seguir para liquidar el crédito?
- ¿Qué documentos son los más importantes a guardar después de firmar el cierre?
- ¿Tengo que estar presente para firmar el cierre?
- ¿Cuál es la cuota de emisión del préstamo?

Requisitos para aplicar a un préstamo hipotecario para clientes locales:

Cada institución financiera trabaja diferente. Sin embargo, los requerimientos son básicamente los mismos.

- Copia de tu licencia de conducir o identificación.

- Últimos 2 años de declaración de impuestos.
- Últimos 2 años de Formas W2 O 1099.
- 3 últimos meses de cheques/recibos de pago (paystubs).
- Estado de cuentas bancarias de los 2 últimos meses.
- Reporte de crédito y/o aplicación del crédito.

Requisitos para aplicar a un crédito hipotecario siendo extranjero:

Por Mauricio Ordóñez de QKapital

- Copia del pasaporte y visa para ingresar a EE. UU. vigente.
- Prueba de residencia primaria actual de tu país de origen. Se aceptan recibos de servicios tales como: agua, luz, teléfono, gas o cable, indicando nombre y dirección de residencia.
- Carta original de ingresos de tu contador si eres independiente o de tu empleador si eres empleado.
- 2 cartas originales de referencias bancarias.
- Página web y tarjeta de presentación de la compañía para la que trabajas y/o si eres dueño, indicando:
  - Nombre de la empresa, nombre del personal, posición, dirección de la oficina, números de teléfono, página web y correo electrónico.
  - Copia de tus estados bancarios de los últimos 3 meses, donde tengas el dinero para realizar la inversión. Si no tienes cuenta bancaria en USA, esta debe ser abierta mínimo dos semanas antes del cierre.

Costos de cierre con financiamiento

Los costos de cierre son los gastos que se originan al obtener el financiamiento, así como por la protocolización de compraventa que se está realizando. Calcular estos costos es una parte muy importante de tu inversión inicial. Es vital prestar atención y conocer qué comprenden estos gastos.

Estos costos oscilan entre 4% y 6% del precio de la propiedad, esto va a depender de muchos factores: la compañía de financiamiento, el banco o de tu puntuación crediticia, ya que el banco evalúa tu nivel de riesgo inicial (downpayment) y el perfil financiero.

¿Qué incluyen estos costos de cierre?

- Tarifa por la aplicación de la hipoteca (application fee).
- Avalúo (appraisal).
- Puntos hipotecarios (points).
- Emisión del préstamo (origination fee) 0,75% hasta 2% del monto del préstamo.
- Seguro del título de la propiedad.
- Investigación del título de la propiedad (title search).
- Informe de crédito (credit report). Aplica solo para locales.
- Prima de seguro de hipoteca (si aplica).
- Cuota de inspección.
- Registro del título.
- Seguro de la propiedad.
- Impuestos intangibles del monto de la hipoteca (0,0020 %), cobra por el estado en la protocolización.
- Impuesto de estampilla de documentación.
- Survey (planos de la tierra), si aplica.
- Honorarios profesionales del agente de cierre de la Compañía de Títulos (Title Company) o del abogado, si tienes uno.
- Certificado de balances de condominio (stoppel letter). Solo para condominios o asociación de propietarios.
- Otros honorarios profesionales. Esto varía dependiendo de los servicios contratados por el comprador.
- Cuota de la constructora (developer fee) solo para preconstrucciones, oscila entre 1,25% al 1,75%.
- Los costos de cierre varían si la compra es financiada o si es de contado. Es importante mencionar que alguna de las tarifas es negociable y otras no. Explicaré a detalle estos costos en el capítulo 9, correspondiente a gastos de cierre.

Capítulo 4
Buscando tu propiedad ideal

Desde el momento en que tomamos la decisión de hacer la compra de una propiedad es determinante conocer el objetivo principal de por qué quieres adquirir la propiedad, tu presupuesto líquido para dicho fin y la forma de pago con la que deseas hacer tu inversión.

Si tú deseas adquirir tu propiedad de **contado** es necesario considerar que debemos agregar los costos de cierre. Cuando haces una compra de contado, los costos de cierre son mucho menores que cuando se hace a través de un financiamiento. Deberás tener en cuenta el precio del valor de la compra, más un aproximado de 1,5%. Más adelante estaré desglosando lo que implican estos costos.

Si estimas hacer tu compra a través de un **financiamiento**, el primer paso antes de comenzar a hacer la búsqueda del inmueble es la precalificación bancaria. Como expliqué en el capítulo anterior, debes tener en cuenta que adicional a tu inicial (downpayment), deberás contar con los costos de cierre que son aproximadamente el 5% del precio de compra.

Si eres un comprador local deberás contar con una liquidez entre 8% hasta un 20% aproximadamente del valor de la propiedad, estimando tu inicial más los gastos de cierre (dependiendo del programa de financiamiento y de la propiedad que deseas adquirir).

Es importante informar que no todas las propiedades requieren la misma inicial, es por ello que recomiendo que esta sea evaluada por tu entidad de préstamo, si la propiedad es financiable según tus reservas, póliza de seguro principal del condominio, etc.

Si eres un comprador extranjero deberás contar con una liquidez del 30% mínimo para una propiedad que esté construida, y un 50%

en una propiedad en preventa o con la descripción legal condo-hotel (rentas diarias) más un 5% aproximado para tus costos de cierre.

Tanto si tú estás haciendo tu operación de contado como financiada deberás comenzar con tener prueba de la forma de pago, así te ahorrarás muchas frustraciones al momento de enamorarte de una propiedad y que no sea posible adquirirla.

Otro paso fundamental para encontrar tu propiedad ideal es conocer tus necesidades y así conseguir la propiedad que te quede como anillo al dedo, de acuerdo con las dimensiones que buscas, el área, restricciones de la propiedad. Si es una propiedad para vivir, seleccionarla de acuerdo con las escuelas, trabajo y zona donde te desenvuelvas.

Si el motivo de tu adquisición es para una inversión, el punto más especial para evaluar es el retorno, la revalorización y el área que tenga potencial de desarrollo, a fin de que tengas una plusvalía y rendimiento acorde con tus expectativas.

Aquí te enumero los pasos para realizar tu compra exitosamente:

1. Calificación bancaria, si estás considerando un financiamiento.
2. Determinar el objetivo de la compra.
3. Búsqueda de la propiedad.
4. Oferta y negociación.
5. Ejecución del contrato de compra.
6. Colocación del primer depósito en Escrow o Fidecomiso (al momento de la aceptación). Este se puede presentar en la oferta o hasta el tercer día después de la ejecución del contrato.
7. Aplicación del financiamiento.
8. Inspecciones de la propiedad.
9. Avalúo del precio de la propiedad (appraisal), si aplicas a un financiamiento.

10. Período de compromiso (commitment letter). Normalmente ocurre en 30 días, sin embargo, se coloca a consideración del comprador.

11. En el período de compromiso de préstamo es recomendable colocar un tiempo prudencial para recibir la carta (commitment letter) y tener adelantado el préstamo. Luego de que sea enviada al vendedor o al agente del vendedor no tendrás contingencia en el contrato por financiamiento.

12. Cierre de la propiedad o protocolización.

"Una asesoría personalizada disminuye riesgos"
- Daniella Mateu

Capítulo 5
¿Cómo hacer una oferta de compraventa efectiva?

En este capítulo quiero decirte que la oferta es el punto de partida hacia la negociación. Hacer una oferta escrita es la forma correcta y formal, y será tomada como tal. Las ofertas verbales carecen de formalismo y seriedad, los términos y condiciones son aceptados a través de ambas firmas, y los acuerdos legales se cierran de manera escrita.

Para lograr negociar un ajuste del precio de la propiedad exitosamente debes tener en cuenta las comparables del área e identificar a quién le favorece el mercado en ese momento.

Cuando nos encontramos en un mercado donde favorece al **comprador** la posibilidad de negociar el precio es mayor y las ofertas deben ser razonables, ya que el vendedor tiene ciertos números establecidos de cuánto necesita recibir por dicha venta.

Cuando nos encontramos en un mercado donde favorece al **vendedor** las posibilidades de ajustar el precio son menores en la oferta inicial. Sin embargo, hay algunos tiempos en el proceso en los que cabe algún ajuste, tales como:

El período de inspección:

Aquí es el momento en el cual la propiedad es inspeccionada a detalle, los puntos más importantes que deben ser chequeados a causa de traer grandes gastos al nuevo propietario son: techo del inmueble, la unidad de aire acondicionado, calentador, panel eléctrico y electrodomésticos, así como alguna filtración u hongos (mold).

Es importante destacar que esta inspección debe hacerse por un inspector certificado en la Florida, ya que a través de este reporte podrás cancelar el contrato sin penalidad o negociar un crédito al cierre de la propiedad a causa de alguna reparación.

La valuación (appraisal):

Si estás comprando a través de un financiamiento, el banco, previo a la aprobación del crédito, enviará un profesional especialista en tasación, el cual realizará un análisis de las últimas propiedades similares vendidas en el área y establecerá el precio correcto de dicho inmueble. Si este llegara a ser más bajo que el precio en el contrato, podrás negociar el valor final a pagar.

Es importante destacar que no estás obligado a comprar por encima del precio ni el vendedor está obligado a vender al precio de la valuación. Este es el momento de negociar, llegar a un ajuste de precio, según lo acordado en su momento. Si las partes no llegan a un acuerdo el contrato puede ser cancelado sin ningún tipo de penalidad, dado que para que un financiamiento sea aprobado el requisito indispensable es que la propiedad esté al precio real del mercado (contingencia al financiamiento).

Definiciones importantes:
¿Qué es una oferta en términos inmobiliarios?

Una oferta escrita es una promesa de compra con términos y condiciones establecidos por una de las partes, en este caso, el comprador. Como comenté al inicio de este capítulo, toda oferta es el inicio de la negociación en el que se establecerá el precio de compra y tiempos en el que se cumplirán los períodos del contrato, y se establecerá alguna contingencia en la operación.

Contraoferta:

La contraoferta es la negociación o cambio de cualquiera de los términos o condiciones de la oferta inicial por una de las partes. En el momento en que la oferta y/o contraoferta es aceptada y ejecutada (totalmente firmada por las dos partes) se convierte en el contrato de compra.

Ten en cuenta que en el momento en que el contrato está totalmente ejecutado ambas partes están legalmente comprometidas a cumplirlo. La definición de contrato o acuerdo legal es el instrumento legal firmado entre ambas partes, con los términos y condiciones que se regirá en la operación de compraventa.

Es importante resaltar que, como dice la frase, "los tiempos del contrato son la esencia" y debes vigilar junto a tu agente inmobiliario que estos tiempos no expiren, ya que, si uno de los períodos vence, estarás fuera del acuerdo y tendrás consecuencias o penalidades. En este caso, es recomendable que, si uno de estos períodos está próximo a vencer, sin haberse efectuado, envíes una extensión escrita para evitar esta falta. A continuación, algunas sugerencias que te ayudarán a llegar a un precio de negociación viable:

Pregúntale al vendedor o al agente representante del vendedor:

- ¿Cuál es el tiempo límite que tiene el vendedor para vender?
- ¿Cuánto es la deuda de su hipoteca?
- ¿Tiene inquilinos la propiedad?
- ¿El vendedor reside en la propiedad?
- ¿Por qué está vendiendo? ¿Sucesión o divorcio?
- Estos puntos te darán una claridad para conocer qué tan motivado estará el vendedor para recibir una oferta negociando el precio, ya que si no está apurado sus expectativas de negociar son limitadas.

Capítulo 6
Seguros de propiedades

Cualquier persona a lo largo de su vida consciente o inconscientemente está expuesta a diversos riesgos que pueden tener consecuencias negativas sobre los bienes inmuebles que posee. Una de las formas más certeras para obtener una compensación económica en caso de daño es tener una póliza de seguro de la propiedad.

El seguro de propiedad no solo protege tu propiedad contra cualquier daño o robo, sino que en la mayoría de los casos facilita tu trabajo. El costo de tu prima es evaluado de acuerdo con el nivel de riesgo que la propiedad pueda tener, tales como:

- Antigüedad.
- Construcción de la vivienda, si es de ladrillo o de madera.
- Ubicación o zona, puesto que existen zonas que son de alto riesgo de inundaciones.
- Si está ubicada en una zona propensa a ciclones.
- Pie cuadrado/metros cuadrados.
- Tu historial crediticio.
- Si tienes antecedentes penales.
- Historial de empleo.
- Estado civil.
- Edad.
- Seguridad de la propiedad. Por ejemplo, ventanas, detectores de humo u otras medidas preventivas.
- Mascotas, piscinas u otras causas de potencial daño a la propiedad.

Es recomendable tener varias opciones con el fin de evaluar cuál es más conveniente para ti.

Definición de deducible:

El deducible es la cantidad de dinero que pagas de tu propio bolsillo en un reclamo cubierto.

Seguro para propietarios de vivienda:

El seguro del propietario paga por pérdidas y daños a la propiedad si ocurre algo inesperado como un incendio o un robo. Cuando tienes una hipoteca, el prestamista quiere asegurarse de que su propiedad esté protegida por un seguro, es por esto que la entidad financiera exige que presentes prueba de que tienes seguro de propiedad.

Seguro hipotecario:

El seguro hipotecario reduce el riesgo de otorgarte un préstamo para que califiques para recibir este financiamiento, de otro modo no podrías obtenerlo.

El seguro de hipoteca protege al prestamista no a ti, en caso de que te atrases con tus pagos del seguro hipotecario sin importar cuál tipo de préstamo tengas. Si te atrasas, tu puntaje de crédito puede verse afectado y puedes perder tu vivienda en una ejecución hipotecaria.

Póliza de protección de responsabilidad civil (liability):

Esta porción te protege contra demandas por daños físicos ocurridos dentro de la propiedad. Es ampliamente recomendado a los propietarios de inmuebles para alquiler.

Seguro de inundaciones:

Para los dueños de propiedades inmobiliarias en la Florida, el seguro contra inundaciones es una inversión sensata.

¿Cuándo es obligatorio tener un seguro contra inundaciones?

Si tu propiedad está localizada en un área de alto riesgo de inundación y tienes una hipoteca, tu prestamista o banco te exigirá seguro contra inundaciones. Este seguro no forma parte del seguro de viviendas, es una póliza adicional.

Seguro de propiedad personal:

Esta póliza puede ayudar a pagar la reparación o el reemplazo de tus artículos personales después de una pérdida. En caso de un incendio o un robo, por ejemplo.

Seguro de reparaciones:

Esta póliza paga el valor del precio de la reparación de la propiedad. Tiene un tope máximo de dólares establecidos en la póliza.

Capítulo 7
Asesoría contable

Comienzo este capítulo haciendo referencia al aporte esencial de **Carlos Castellon, CPA**, contador público certificado y especialista en asesoría contable de inversiones inmobiliarias para extranjeros, donde con su conocimiento y experiencia confirman que la información entregada aquí es revisada por un profesional.

Cuando hablamos de inversionistas extranjeros es recomendable estar bien asesorados para hacer inversiones inmobiliarias exitosas y sin errores.

Puedes hacer una compra a título personal sin problema, sin embargo, es aconsejable hacerla a través de una corporación con la ayuda de un profesional, así encontrarás la estructura que más te beneficie según tus necesidades.

¿Por qué es aconsejable comprar una propiedad bajo una estructura corporativa siendo extranjero?

Beneficios:

- Mayor protección ante alguna demanda en que puedas verte involucrado en algún momento, puesto que solo en este caso no podrían ir por tus activos, sino contra los activos de la empresa o corporación.
- Si compras una propiedad para alquilar podrás descargar ciertos gastos y pérdidas autorizadas por la ley, por ejemplo, ticket aéreo, hotel, vehículo alquilado mientras visitan tu propiedad, si existe alguna depreciación de la propiedad (en residencial), entre otros. Estas pérdidas reducen los impuestos al vender la propiedad.

- Con la estructura correcta estarás exento del impuesto de herencia en caso de fallecimiento.

¿Cuál es la figura o estructura más aconsejable para un comprador de bienes raíces extranjero?

Hay dos estructuras que son las más populares para hacer negocios e invertir en bienes raíces en EE. UU.

1. **Limited Liability Company LLC:** Es similar a una Sociedad de responsabilidad Limitada.

Positivo:
- En caso de demanda el dueño está expuesto al patrimonio dentro de la LLC, igual que una sociedad anónima.
- Es una buena estructura para minimizar el impuesto sobre la utilidad.
- Ganancias de capital de largo plazo (para la propiedad comprada hace más de 1 año).

Esta estructura es la más utilizada por inversionistas en bienes raíces, ya que se unifica la protección de responsabilidad personal de una empresa con los beneficios fiscales.

2. **Corporación "OffShore":** Empresas fuera de los EE. UU.

Positivo:
- No hay impuesto de herencia.
- En caso de demanda el dueño está expuesto solamente al patrimonio dentro de la corporación, igual que una sociedad anónima (LLC). Sin embargo, esta figura tiene aspectos negativos, tales como posible doble imposición de impuestos sobre los dividendos.

¿Cuál es la diferencia de una LLC y una corporación?

La **LLC** es la estructura que paga menos impuestos, sin embargo, no exonera de un impuesto sobre fallecimiento. En caso contrario, en la **corporación** el impuesto a pagar es mayor, pero te protegerá del impuesto a la herencia a la hora de un fallecimiento.

Es importante mencionar que esta información es solo educacional y no reemplaza la asesoría con un especialista en el área contable, ya que este identificará cuál es la estructura más beneficiosa para ti. También te explicará minuciosamente lo positivo y negativo de cada estructura, así como las estrategias profesionales que llenen tus expectativas como inversionista.

Requisitos y documentos para conformar una LLC y/o corporación:

- Llenar un cuestionario para la incorporación (New Company Questionary).
- Nombre de la empresa.
- Dirección en Estados Unidos.
- Copia de los pasaportes y visas de los accionistas.

¿Cómo protejo mi propiedad a la hora de un fallecimiento?

Asesorarse con un contador público que conozca de impuesto sobre la herencia antes de hacer su inversión es lo más recomendable, te ofrecerá la estructura que se ajuste a tu caso.

¿Qué es FIRPTA?

FIRPTA no es un impuesto, es una retención sobre la plusvalía al vender una propiedad y cuyo propietario sea una persona extranjera. Si el propietario vendedor posee un TAX ID en EE. UU. se puede solicitar la reducción o devolución, según el caso, posterior a la declaración de ganancias y pérdidas por dicha venta.

El propósito de la ley del impuesto sobre inversiones extranjeras en bienes inmuebles de 1980 (FIRPTA) es exigir que los inversionistas extranjeros paguen el impuesto sobre la renta o Income Tax por la venta o disposición de sus intereses sobre inmuebles ubicados en EE. UU. De una manera similar a las obligaciones impuestas a los ciudadanos americanos.

¿Qué es la 1031 Exchange?

La sección 1031 Exchange se llama "Like Kind Exchange" que permite diferir los impuestos al vender tu propiedad si estás comprando una o más propiedades con las mismas características. Por ejemplo, vendiste una propiedad por $1,000.000 y el impuesto es de $200,000, puedes comprar 1 o más propiedades por el total de $1,000.000 (por el precio que vendiste). Esta figura tiene un tiempo determinado para realizar la nueva compra, según la ley.

Capítulo 8
Comprando en preconstrucción

Por años las inversiones en preconstrucción han sido muy lucrativas, sobre todo si se compra en la primera etapa del proyecto. En esta etapa el desarrollador lanza los precios más bajos para estudiar el mercado (list friend & family). A medida que las etapas se van cumpliendo los precios se van incrementando y desde ese momento vas obteniendo una ganancia silenciosa. Sin embargo, es importante que antes de invertir en este tipo de propiedades conozcas ciertos puntos importantes:

- Antes de que selecciones tu propiedad es importante estudiar con detenimiento el área o locación.
- ¿Sabías que cuando grandes cadenas de comercios deciden instalarse en un área específica, estos ya han hecho previos estudios de desarrollo y crecimiento? Es por ello que es recomendable evaluar la ubicación, dado que es un indicativo de que tu propiedad tendrá una apreciación interesante.
- La venta anticipada (antes de que seas el dueño legalmente) de este tipo de propiedades no es permitida desde la crisis del 2008. Por lo tanto, si reservas una propiedad firma un contrato de compra, cierra y protocoliza la compra. Luego de que seas el propietario podrás vender tu inmueble. Pues el contrato de compra no es transferible. Sin embargo, si reservas una unidad a nombre personal y firmas el contrato de compra, en el cierre puedes transferir tu propiedad a nombre de tu corporación o tu LLC siempre y cuando seas el propietario de dicha estructura legal. Es recomendable que este punto esté bien establecido en dicho acuerdo.
- Los desarrolladores venden estos productos por etapas, generalmente en la reserva tú solo colocarás el 10% o menos.

Es importante resaltar que si reservas una unidad tienes la oportunidad de congelar el precio del momento. Sin embargo, no estarás obligado a firmar el contrato de compra y en ese momento puedes decidir no comprar la unidad sin ningún tipo de penalidad. Por eso le digo a mis clientes que reserven y después lo piensen.

- En la etapa de contrato, en la mayoría de los proyectos, se solicita completar el 20% del depósito. Según la ley de la Florida dispondrás de 15 días para revisar el contrato y cancelarlo, si así lo deseas. En ese caso, no tendrás ningún tipo de penalidad y tu deposito será devuelto al 100%. Las cláusulas deben ser establecidas, dado que los acuerdos aceptados no se deben asumir tácitamente.
- **El contrato en este tipo de compra es unilateral:** Dicho convenio es redactado por el desarrollador y el comprador no puede hacerle cambios. El desarrollador establece las cláusulas de dicho acuerdo.
- **No hay contingencia de financiamiento:** A diferencia de una compra en una propiedad usada, tu agente inmobiliario establece el acuerdo de que en caso de que no seas aprobado para el financiamiento el contrato podrá ser cancelado y tu depósito será reembolsado al 100%, pero, ojo, debe estar acompañado de la carta de la denegación del crédito. En los contratos de preconstrucción este es redactado como una compra de contado (cash deal), por lo tanto, al cierre de la transacción deberás asegurarte de obtener la aprobación del dinero restante o, de lo contrario, tener la disponibilidad de este a fin de no perder tu depósito. Sin embargo, hoy en día existen diferentes programas de financiamiento para brindarte la tranquilidad de que será obtenido en el tiempo requerido.
- **Tiempo de entrega:** Los proyectos en preconstrucción estiman una fecha de entrega determinada, aunque el

desarrollador establece en el contrato un tiempo mayor para protegerse legalmente en caso de alguna eventualidad o retraso.
- **Developer Fee:** El llamado Developer Fee forma parte de los costos de cierre, incluye el registro, las estampillas de documentación en el traspaso, otros costos de transferencia, título de la póliza de seguros del propietario. En general, este honorario oscila entre 1,25% y 1,75% del precio de la propiedad. Trabaja con un agente inmobiliario con amplia experiencia con el fin de que estés completamente asesorado en este tipo de inversión. Como siempre les digo a mis clientes: uno de los errores que cometen los inversionistas es no estar bien asesorados. No todos los agentes inmobiliarios tienen acceso al inventario de prelanzamiento de este tipo de productos, mi larga experiencia y lazos cosechados durante todos estos años me dieron el beneficio de obtener este producto en la primera lista (lista 0).

Capítulo 9
Gastos de cierre

Como he comentado anteriormente, un asesor inmobiliario debe tener en su mesa de trabajo un equipo de expertos en las diferentes áreas de interés referentes a las transacciones inmobiliarias, brindando una asesoría completa a sus clientes. Una de ellas es la asesoría legal y en título, es por ello que quise entregar este capítulo a María Pablo, Ceo de la Compañía de Títulos "Peninsula Title Company".

En este capítulo tocaremos los siguientes puntos:

1. **¿Qué son los gastos de cierre en una transacción de compraventa?**

Los costos de cierre son los gastos que se generan en el proceso de compra de una propiedad, tanto antes de la protocolización, así como en el cierre de la transacción. Entre estos costos te puedo mencionar la transferencia del título, registro, seguro de título, seguro de la propiedad (en caso de financiamiento es obligatorio), cobro o fee de la Compañía de Títulos, impuestos por transferencia, estampillas y, en el caso de financiamiento, los costos por emitir la hipoteca, entre otros, según el caso.

Adicional a estos gastos finales debemos tener en cuenta que es recomendable que toda propiedad sea inspeccionada por un profesional con licencia en inspecciones de propiedades en la Florida (**período de inspecciones según contrato**), para conocer las condiciones de la propiedad que se está comprando. El pago del inspector es importante tenerlo en cuenta como parte de los gastos asociados a la compra de un inmueble.

Otro gasto asociado que deberás tener en cuenta es la **Certificación de Balances de la Asociación (estoppel letter)**. Esta certificación se solicita si la propiedad que se está comprando se encuentra dentro de una asociación de condominio o de dueños (HOA), esta información es importante para conocer el balance actual del vendedor (dueño actual). En el caso de que exista algún balance pendiente este será cobrado en el cierre de la operación. A su vez, este certificado también se hace para conocer si el condominio (HOA) tiene suficientes reservas (estado financiero), a fin de que sea aprobable para un financiamiento y conocer el mínimo de inicial (downpayment) requerido para su compra con hipoteca.

Survey o planos de tierra: El survey es un dibujo o mapa que muestra los linderos legales precisos de una propiedad y la ubicación de las mejoras. Estos planos se solicitan cuando la compra es propiedad unifamiliar.

2. Porcentaje aproximado para una compra de contado:

Por lo general, el porcentaje aproximado a pagar para los gastos de cierre para una compra de contado es más baja que para una compra con financiamiento. Se estima entre 1,5% a 2% según el caso.

3. Porcentaje aproximado para una compra financiada:

En una compra con financiamiento debemos agregar los costos que se originan a raíz de este, así como las pólizas de seguros obligatorios para la aprobación de la hipoteca. Es por eso que estos gastos son más altos que una compra de contado, oscilan entre el 4% y el 6% del precio de compra. Esta diferencia depende del programa de financiamiento que estés utilizando, así como tu inicial, perfil financiero, entre otros.

5. Gastos de cierre para el vendedor:

Los gastos de cierre para el vendedor incluyen, entre otros, los impuestos, sellos y demás cargos relacionados con la transferencia de la titularidad de la propiedad. En el caso de que el vendedor tenga una hipoteca existente sobre dicha propiedad esta será liquidada y descontada en el momento de la protocolización, así como cualquier otro balance pendiente.

El pago de la comisión de los agentes involucrados en la transacción es otro de los costos para el vendedor al momento del cierre de la operación de venta.

Capítulo 10
Compañía de Títulos y cuenta fiduciaria (escrow)

La función de la Compañía de Títulos es vital para la operación de compraventa que estás realizando, puesto que es la encargada del proceso de protocolización y emisión del seguro de título de la propiedad.

Esta investiga el título del inmueble y estará enfocada en conocer si pertenece a la persona que está vendiendo la propiedad según el contrato, si existe algún gravamen o multa en la propiedad, así como cualquier otro vicio que pudiera impedir al comprador recibir el título totalmente limpio. Es importante destacar que, a pesar de la investigación exhaustiva, es recomendable adquirir una póliza de seguros de títulos para estar protegido si en algún momento, luego del cierre, saliera algún gravamen o reclamo que no haya estado registrado en el momento de la protocolización.

Importancia de cumplir los tiempos del contrato y cómo un agente inmobiliario debe cuidar a sus clientes:

Inicio este punto con la frase "los tiempos del contrato son la esencia", lo que quiere decir que estos tiempos deben ser cumplidos cuidadosamente. Si algún tiempo o período que esté establecido en el contrato expira, como comprador o vendedor estarás faltando al acuerdo y estarás en riesgo de ser penalizado por esto. Es por ello que yo siempre recomiendo hacer un extracto de los tiempos luego de que el contrato de compra esté totalmente firmado o ejecutado por ambas partes. Así, tenerlas resumidas te dará más cercanía luego de que la operación esté en curso.

Otra recomendación es cuidar que estos períodos no se expiren, teniendo este resumen tú o tu agente podrán chequear rápidamente si necesitas más tiempo para concluir un período en dicho contrato.

Por ejemplo, si tienes 30 días luego de la ejecución del contrato para conseguir la aprobación bancaria y existiera algún tipo de retraso, es responsabilidad de tu agente enviar una extensión para prolongarlo por unos días.

Otra forma elemental en la que un agente debe de cuidar a sus clientes es colocar en el contrato cualquier contingencia que surja o que dependiera de que esta operación llegara a la protocolización. Por ejemplo, venta de otra propiedad, aprobación del crédito o cualquier otra condición que requiera de alguna de las partes.

En el caso del agente que está representando al vendedor, es su función hacer que la propiedad esté disponible para las inspecciones y para el ingreso del valuador (appraisal). Así como de mantener el equilibrio entre todas las partes implicadas en la transacción para que todas estén en la misma página.

Soy fiel creyente en las transacciones y representaciones altamente profesionales, cuidar los derechos y velar por los deberes de cada parte es el equilibrio en toda operación.

Depósitos en la cuenta fiduciaria (escrow account) y cómo se reciben los fondos para el cierre de la propiedad

El primer depósito en una transacción inmobiliaria es conocido como **depósito de buena fe**. Es realizado por el comprador para demostrar al vendedor de una manera formal que sus intenciones de comprar la propiedad son reales. Este depósito de buena fe también es utilizado en la relación de inquilino-arrendador.

La cuenta fiduciaria (escrow account): Es la encargada de recibir los fondos de los depósitos realizados por el comprador, puede ser en cheque de gerencia o transferencia bancaria. Luego de realizado, la Compañía de Títulos enviará una carta donde certifica que tienes un dinero como depósito en la Escrow. Estos fondos son acreditados al balance final que deberás traer el día del cierre de la operación o en la protocolización de la compra.

Es importante resaltar que el dinero de las transacciones inmobiliarias en Estados Unidos es realizado a través de la Compañía de Títulos o de un abogado, si fuese el caso. Pues es la encargada de hacer los desembolsos al cierre de esta operación, además de recibir los fondos de la entidad financiera que está otorgando el financiamiento para dicha compra.

Proceso de protocolización y traspaso del título:

La Compañía de Títulos es la encargada de realizar el proceso de protocolización de compraventa, emisión de la póliza seguro del título de la propiedad y del traspaso del título.

Luego de que todos los documentos han sido firmados y se ha cerrado la operación en la mesa de cierre, este traspaso es registrado en la oficina de la secretaria del juzgado de la ciudad. El agente de cierre entrega copia del registro al comprador como dueño oficial de la propiedad conforme a los registros.

Capítulo 11
Vendiendo tu propiedad

A la hora de tomar la decisión de vender una propiedad la prioridad para un vendedor es hacerlo en el menor tiempo posible y al mejor precio.

Es por ello que debemos contar y trabajar de la mano con un profesional con experiencia, con la capacidad de conocer el mercado, el área, hacer los comparables de una manera certera (CMA) y que sepa asesorar y preparar tu propiedad para la venta.

Todos los factores son importantes a fin de colocar tu inmueble como la opción #1 para los compradores.

Un profesional debe de conocer las estrategias de mercadeo para publicitar tu producto y estar a tu entera disposición para mostrar de manera fácil y rápida dicho inmueble.

Debemos tener en cuenta que la compra es emocional y si un comprador interesado no se le muestra la propiedad de forma rápida y efectiva es probable que pierda el interés y busque otra opción.

Es recomendable que antes de colocar tu propiedad para la venta tengas en cuenta estos puntos, ya que esto te dará mayor claridad antes de comenzar a recibir ofertas:

Hazte estas preguntas:

- ¿Por qué estoy vendiendo?
- ¿Cuánto dinero espero recibir de esta venta?
- ¿Cuándo quiero vender?

Aquí algunas recomendaciones:

Uno de los errores más comunes que cometen los vendedores es colocar la propiedad a la venta sin estudiar el valor del mercado.

- Antes de poner tu propiedad a la venta es primordial hacer un comparativo de mercado, el cual te dará una claridad de cuánto es el precio aproximado de tu inmueble. Este será un termómetro que indicará cuánto estarían dispuestos a pagar los compradores por tu propiedad. Sin embargo, una forma estratégica de colocar tu propiedad en el mercado y/o en nuestro sistema de múltiples listado (MLS) es darle un valor mayor a la última vendida (propiedades similares en la misma comunidad o a menos de 1 milla de distancia) y menor al de las propiedades activas (competencia directa), ya que estar en el mercado como la opción más económica despertará el interés y maximizará las visitas.
- **No hagas sobremejoras:** Una propiedad remodelada le dará a tu propiedad un valor agregado, es correcto, pero también es cierto que hacer sobremejoras quizás no sea la vía más beneficiosa de vender a un precio mucho más alto de lo que el valuador (appraisal) te indique en el valor real del mercado.
- **Pregúntate por qué estás vendiendo:** Esta es una de las respuestas más importantes antes de poner tu propiedad a la venta. Si tu objetivo es vender para comprar otra propiedad es vital asegurarse que tu contrato de compra contenga una cláusula de contingencia de la venta de tu propiedad, con la que cuentas para obtener el dinero para dicha compra.
- **Asegúrate de ser calificado previamente para este nuevo financiamiento (si fuese el caso).**
- Si trabajas con un agente inmobiliario asegúrate de conocer cuánto será la comisión y tener un estimado aproximado de lo que recibirás por la venta de tu propiedad.
- Ten una lista de las pertenencias que están incluidas en la venta de tu propiedad.

Prepara tu propiedad para la venta:
- Organiza los armarios.
- Muéstrala organizada, limpia y muy bien iluminada.
- Cuida los olores, no muestres la propiedad con olores desagradables como de basura o mascotas.
- Si tiene alfombras, límpialas.
- Deshazte de algunas pertenencias y muebles que saturan los espacios, una propiedad más minimalista da la sensación de amplitud.
- No le des al comprador una razón para ofrecerte menos dinero porque tu propiedad luzca sucia o deteriorada.

Envía contraofertas: Luego de recibir una oferta, si está por debajo del precio que estimas no la descartes, antes considera trabajar una contraoferta para lograr ajustar un precio que beneficie a ambas partes.

Luego de aceptar una oferta se convierte automáticamente en el contrato de compraventa. Solicita a tu agente inmobiliario un resumen de los tiempos del contrato para asegurarte de que todas las partes están en la misma línea y así evitar retrasos y/o conflictos por vencimiento o faltas en el acuerdo. Recuerda, "los tiempos del contrato son la esencia".

Durante muchos años me he dedicado a asistir y a representar de manera exitosa a mis clientes vendedores en el proceso de venta de sus inmuebles, obteniendo transacciones efectivas y logrando en tiempo récord los mejores precios en su propiedad. Mi secreto es estar siempre disponible, estar allí para ellos.

Capítulo 12
Invirtiendo en propiedades para alquilar

Cuando pensamos en comprar una propiedad de inversión debemos tener en cuenta algunos aspectos para saber si una propiedad es conveniente.

Es recomendable analizar los siguientes puntos de interés antes de tomar una decisión:
- Analiza el área, no todas las áreas tendrán la misma ocupación y, sobre todo, la misma **apreciación** o **revalorización**. Conoce y analiza junto a un experto si determinada locación o comunidad es suficientemente atractiva para futuros inquilinos.
- Haz comparables tanto del precio de compra vs. el precio de alquiler promedio de la propiedad en cuestión sacando los gastos (impuestos a la propiedad, mantenimiento, seguro, hipoteca). Así conocerás un estimado de tu ingreso neto (ROI).

Invertir en un área en crecimiento es una de las decisiones más certeras que debes analizar para no cometer ningún tipo de error al invertir. Como he comentado anteriormente, la tasa de ocupación y análisis del promedio del tiempo que tomará tu propiedad en alquilarse deberá estar dentro de tu evaluación de inversión para garantizar un ROI satisfactorio.

Evita cometer los errores más comunes que incurren los arrendadores/Landlord en EE. UU.

Selecciona bien a tu inquilino: No solo se trata de recibir una oferta o propuesta de un potencial inquilino, sino de estudiar si es la persona correcta para evitar futuros dolores de cabeza. Es indispensable analizar ciertas características tales como:

- Reporte de crédito: un prospecto con un historial de pagos al día da señales de ser una persona solvente y responsable con sus pagos.
- Referencias personales.
- Verificación de empleo.
- Estados de cuenta (últimos 3 meses es lo ideal).
- Recibos de pago del empleo.
- Referencia del arrendador actual. Una forma para llenar con la información del prospecto.
- Conoce y cumple las regulaciones del sistema jurídico contra la discriminación.

El desconocimiento de las regulaciones del sistema jurídico contra la discriminación "Vivienda Justa - Fair Housing" es consecuencia de muchas demandas contra propietarios en los Estados Unidos. Esta ley aplica tanto para la calificación como en la relación arrendador/inquilino. Por lo tanto, es fundamental conocer, entender y cumplir el sistema jurídico en EE. UU.

Nombremos algunas de estas regulaciones:

Está prohibido discriminar por:

- Raza.
- Religión.
- Nacionalidad.
- Sexo.
- Estatus familiar.
- Discapacidad física.

Conoce tu mercado local:

- Precio.
- Tiempo que pasan las unidades vacantes en el mercado antes de ser ocupadas.
- Competencia directa.

- **Protégete con un buen contrato:** Es recomendado para comenzar la relación de arrendador/arrendatario como para futuras renovaciones con el inquilino. Nunca dejes de tener contrato. Muchos arrendadores renuevan el arriendo con solo una extensión o sencillamente se quedan sin contrato, pero es el contrato el que protege a ambas partes en todo momento.
- **Mantén tu propiedad en buenas condiciones:** Realiza mantenimiento preventivo de equipo y, sobre todo, de la unidad del aire acondicionado.
- Trabaja con un equipo de expertos que te ayuden a invertir y a manejar tu propiedad. Este equipo debe estar compuesto de:
- **Asesor inmobiliario.**
- **Administrador de propiedades.**
- **Contador.**
- **Abogado de desalojos.**

"Es mejor adquirir una propiedad en un área en crecimiento y a un precio justo que una propiedad en un área con depreciación a un bajo costo"

- Daniella Mateu

Glosario

Agente inmobiliario: Persona licenciada y autorizada por la ley para intermediar en la compra, venta o alquiler de bienes raíces en nombre de terceros.

Agente de cierre: También conocido como agente de liquidación o escrow, es una persona o entidad neutral e imparcial que actúa como intermediario en una transacción inmobiliaria o financiera. Este es el encargado de que una vez que se cumplan todas las condiciones establecidas, el agente de cierre procede a transferir la propiedad o liberar los fondos según lo acordado entre las partes.

Avalúo: Estimación del valor económico de una propiedad realizado por un profesional para determinar su precio del mercado.

Amortización: Proceso de pagar gradualmente una deuda, generalmente mediante pagos periódicos que incluyen una parte del capital y de intereses.

Área construida: Superficie total de una propiedad que incluye todos los espacios edificados.

Asbestos: Es un grupo de minerales fibrosos utilizados en la industria y la construcción por sus propiedades resistentes. Sin embargo, es peligroso para la salud humana. Si las fibras se inhalan causan enfermedades graves pulmonares, su uso ha sido restringido y regulado para proteger la salud pública.

Apreciación o revalorización: Es el aumento en el valor con el tiempo de una propiedad o activo.

Activo en el mercado inmobiliario: Es una propiedad inmobiliaria que se puede comprar, vender o invertir con el objetivo de obtener ingresos a través de alquileres o ganancias de capital. Su valor varía según la ubicación, la demanda y la economía local. Es una opción popular para inversiones.

Bienes raíces: Propiedades inmuebles como casas, terrenos o edificios.

Balance en la compra de un inmueble: Se refiere al cálculo de la diferencia entre el precio de compra de la propiedad y el monto total de los pagos realizados, incluyendo el pago inicial y las sumas pagadas durante el plazo acordado. Es la cantidad que aún se debe para saldar completamente la deuda del inmueble.

Bancarrota: Es una forma de protección legal para los deudores que les permite resolver sus problemas financieros de manera ordenada y justa bajo la supervisión de un tribunal. Esta puede tener consecuencias negativas a largo plazo en el historial crediticio y la capacidad para acceder a créditos.

Beneficiario: La persona o entidad que recibe beneficios, como ingresos o propiedades de un fidecomiso, un seguro o una herencia.

Bróker: Es un profesional licenciado, autorizado y capacitado para intermediar en la compraventa o alquiler de propiedades inmobiliarias en nombre de sus clientes.

Bróker asociado: Es un profesional licenciado, autorizado y capacitado, el cual ha completado la formación y tiene licencia estatal para intermediar en la compraventa o alquiler de propiedades. Sin embargo, el bróker asociado puede llevar a cabo transacciones inmobiliarias, pero sus acciones y decisiones están sujetas a la aprobación y guía del bróker principal.

Contrato: Acuerdo legal entre dos o más partes que establece los términos y condiciones de una transacción o servicio.

Cierre: El acto final en una transacción inmobiliaria donde se completa la compra o venta de una propiedad y se transfieren los fondos y documentos de propiedad.

Comisión: El pago que recibe un agente inmobiliario por sus servicios en la intermediación de una transacción inmobiliaria.

Capital: El dinero o activo que una persona o empresa posee y puede invertir para generar ingresos.

Casa abierta (open house): Evento en el cual una propiedad en venta está abierta al público para que los compradores potenciales la visiten y la evalúen.

Compañía de Títulos: Es una entidad que investiga y garantiza la validez de los títulos de propiedad en transacciones inmobiliarias, proporcionando un seguro que protege al comprador y el prestamista de posibles problemas legales.

Contingencia: Se refiere a una situación que pudiera ocurrir que pudiera cambiar un plan. Por ejemplo, un contrato que incluya una cláusula de condición si dependiera de la venta de otra propiedad.

Desarrollo: Proceso de mejorar o crecer en tamaño, calidad o alcance.

Depósito: Suma de dinero entregada como garantía o pago inicial en una transacción inmobiliaria.

Deuda: Dinero adeudado o servicios que los consumidores están dispuestos a comprar a un determinado precio.

Domicilio: Lugar de residencia o dirección legal de una persona.

Diversificación: Estrategia de invertir en diferentes activos para reducir el riesgo financiero.

Documentación: Conjunto de registros escritos o electrónicos que respaldan una transacción o proceso.

Depreciación: Es una disminución del valor de un activo con el tiempo debido a condiciones cambiantes del mercado, desgaste, uso o falta de mantenimiento de la misma.

Economía: Estudio de cómo se producen, distribuyen y consumen los bienes y servicios en una sociedad.

Empresa: Organización dedicada a actividades comerciales o industriales con el objetivo de obtener beneficios.

Ejecutivo: Persona con autoridad para tomar decisiones y gestionar operaciones en una organización.

Escrow: Proceso en el que un tercero mantiene fondos o documentos hasta que se cumplan ciertas condiciones en una transacción.

Exención: Derecho o privilegio que exime a alguien de ciertas obligaciones o impuestos.

Escritura de una propiedad: Es un documento legal que certifica la transferencia de propiedad o de un bien inmueble entre un vendedor y un comprador. Este se registra para oficializar la transferencia de la propiedad.

Estimado de buena fe (good faith estimate): Es un documento proporcionado por un prestamista hipotecario a un solicitante de préstamo. Resume los costos estimados asociados con la obtención de una hipoteca, incluidos los cargos por préstamos, seguros, impuestos y costos de cierre relacionados con la compra de una propiedad inmobiliaria.

Finanzas: Estudio de la gestión del dinero, inversiones y activos, así como el manejo de los recursos económicos.

Fideicomiso: Acuerdo en el que una persona (fiduciario) tiene la responsabilidad de administrar bienes en beneficio de otra persona (beneficiario).

Foreclousure: Proceso legal en el que un prestamista toma posesión de una propiedad debido al incumplimiento del prestatario en el pago de la hipoteca.

Franquicia: Acuerdo comercial en el que una empresa otorga a otra el derecho de utilizar su marca, productos y operaciones a cambio de regalías.

Fluctuación: Variación o cambio periódico en el valor y precio en bienes inmuebles, en este caso.

Fecha de cierre: Es el día en que finaliza la compra o venta de una propiedad inmobiliaria, con el pago y entrega de la escritura de la propiedad. Involucra firmar documentos legales y cubrir gastos relacionados con la transacción.

Fondos de inversión: Son vehículos de inversión colectiva que reúnen el dinero de varios inversores para invertir en activos inmobiliarios.

Gravamen: Es un derecho legal sobre una propiedad para asegurar el cumplimiento de una deuda o una obligación financiera.

Garantía: Es una promesa o compromiso que asegura que se cumplirá con un acuerdo o contrato, y, en caso contrario, se proporcionará una compensación o reparación.

Gastos comunes: Son los costos compartidos por los propietarios de un conjunto de propiedades, como en un condominio, para cubrir el mantenimiento y servicios comunes.

Ganancia de capital: Es la diferencia entre el precio de venta y el precio de compra de una propiedad o inversión que puede estar sujeta a impuestos.

Gastos de cierre: Son los costos asociados con la finalización de una transacción inmobiliaria, como tarifas legales, seguros y otros costos administrativos.

Gastos deducibles: Son los gastos permitidos por la ley que pueden reducir la carga fiscal, como intereses hipotecarios y gastos de mantenimiento de la propiedad.

Garantía hipotecaria: Es un contrato que otorga un derecho sobre una propiedad al prestamista como seguridad en caso de incumplimiento del préstamo hipotecario.

Hipoteca: Un préstamo garantizado por una propiedad inmobiliaria, donde el prestamista tiene el derecho de tomar posesión de la propiedad si el prestatario no cumple con los pagos acordados.

Hogar unifamiliar: Una vivienda diseñada para albergar a una sola familia, generalmente independiente y sin compartir paredes con otras propiedades.

Hoja de términos: Un documento que resume los detalles clave de un acuerdo, como precio, plazos y condiciones en una transacción inmobiliaria.

Hipoteca a tasa fija: Un préstamo hipotecario con una tasa de interés fija durante todo el plazo del préstamo, lo que mantiene los pagos mensuales fijos.

Hipoteca a tasa ajustable: Un préstamo hipotecario con una tasa de interés que puede cambiar periódicamente, lo que puede afectar los pagos mensuales.

Historial crediticio: Un registro de la historia financiera de una persona, utilizado por los prestamistas para evaluar la solvencia y riesgo crediticio.

Homeowners Association (HOA): Una asociación de propietarios que administra y mantiene áreas comunes y regula ciertas normas para una comunidad o desarrollo residencial.

Inmobiliaria: Es una empresa o agencia que se dedica a la compra, venta y alquiler de propiedades inmobiliarias.

Inquilino: Es la persona que alquila una propiedad a cambio de un pago periódico conocido como alquiler.

Inspección de la propiedad: Es una evaluación detallada de una propiedad para identificar su estado y posibles problemas antes de una compra o venta.

Interés hipotecario: Es el costo que un prestatario paga al prestamista por el uso del dinero prestado en un préstamo hipotecario.

Impuesto a la propiedad: Es un impuesto que los propietarios pagan sobre el valor de su propiedad y que se utiliza para financiar servicios públicos y locales.

Inversión inmobiliaria: Es la adquisición de propiedades con el objetivo de generar ingresos a través del alquiler o la apreciación del valor a lo largo del tiempo.

Listado de propiedades: Es un acuerdo entre un propietario y un agente inmobiliario para que este último tenga la autorización de comercializar la propiedad en venta o alquiler en el mercado.

Lote: Es un terreno o parcela de tierra que se puede utilizar para construir una propiedad residencial o comercial.

Ley de oferta y demanda: Un principio económico que establece que el precio de una propiedad está influenciado por la relación entre la oferta de propiedades en el mercado y la demanda de compradores.

Licencia de bienes raíces: Es un permiso otorgado por el estado que autoriza a una persona a ejercer como agente inmobiliario y realizar transacciones inmobiliarias legalmente.

Lien: Un reclamo legal que se coloca sobre una propiedad como garantía para asegurar el pago de una deuda o reclamo financiero.

Liquidación inmobiliaria: Una venta de propiedad donde el vendedor está dispuesto a aceptar un precio menor para concretar rápidamente la transacción.

Mercado inmobiliario: Es el entorno donde se compran, venden y alquilan propiedades, y donde interactúan compradores, vendedores y agentes inmobiliarios.

Múltiple Listado de Propiedades (MLS): Es una base de datos en la que los agentes inmobiliarios comparten información sobre propiedades en venta, lo que facilita la colaboración y aumenta la exposición de las propiedades.

Mantenimiento de la propiedad: Son las acciones y tareas periódicas para mantener en buen estado una propiedad, lo que incluye reparaciones, limpieza y cuidado general.

Materiales de construcción: Son los elementos utilizados para edificar una propiedad, como ladrillos, cemento, madera, acero, entre otros.

Mejoras a la propiedad: Son modificaciones o adiciones realizadas en una propiedad con el fin de aumentar su valor o atractivo, como renovaciones o ampliaciones.

Mercado de compradores/mercado de vendedores: Son términos utilizados para describir el equilibrio entre la oferta y la demanda en el mercado inmobiliario. Un mercado de compradores favorece a los compradores con más opciones y precios competitivos, mientras que un mercado de vendedores beneficia a los propietarios con alta demanda y posibilidades de obtener precios más altos.

Notario público: Es un funcionario autorizado para certificar y dar fe de la autenticidad de documentos legales y transacciones inmobiliarias.

Negociación: Es el proceso de discutir y llegar a un acuerdo sobre el precio y las condiciones de una transacción inmobiliaria entre el comprador y el vendedor.

Nota promisoria: Es un documento legal que establece una promesa de pago y los términos de un préstamo hipotecario, generalmente entre el comprador y el prestamista.

Nivelación de terreno: Es el proceso de ajustar y nivelar la superficie de un terreno antes de construir una propiedad.

Número de identificación del contribuyente (TIN): Es un número emitido por el gobierno para identificar a personas y entidades en transacciones inmobiliarias y fiscales.

Negocio inmobiliario: Es una actividad comercial relacionada con la compra, venta, alquiler o administración de propiedades.

Oferta: Es el precio al que un comprador está dispuesto a adquirir una propiedad en el mercado inmobiliario.

Oferta con contingencia: Es una oferta de compra de una propiedad que está sujeta a ciertas condiciones que deben cumplirse antes de finalizar la transacción.

Opción de compra: Es un contrato que otorga al comprador el derecho, pero no la obligación de adquirir una propiedad a un precio acordado dentro de un período de tiempo específico.

Orientación: Es la ubicación o dirección cardinal de una propiedad en relación con los puntos cardinales, como norte, sur, este u oeste.

Organismo regulador: Es una entidad gubernamental que establece y hace cumplir las regulaciones y leyes que rigen el mercado inmobiliario.

Propiedad: Un bien inmueble, como una casa, apartamento, terreno o local comercial.

Precio de lista: Es el precio anunciado por el vendedor para una propiedad.

Préstamo hipotecario: Un préstamo a largo plazo utilizado para financiar la compra de una propiedad, donde la propiedad sirve como garantía.

Pago inicial: La cantidad de dinero que el comprador paga como parte del precio de compra de una propiedad al momento de cerrar la transacción.

Papeleo: La documentación y trámites necesarios en una transacción inmobiliaria, incluyendo contratos, escrituras y otros documentos legales.

Plan de pago: Un "Plan de Pagos" es un acuerdo que determina cómo se realizarán los pagos de una deuda o propiedad a lo largo del tiempo. Puede referirse a acuerdos de financiamiento en bienes raíces donde el comprador paga en cuotas en lugar de una sola suma. Es importante tener un contrato claro para proteger a ambas partes.

Plusvalía: El aumento del valor de una propiedad con el tiempo debido a factores como mejoras, demanda del mercado o desarrollo local.

Perito valuador: Un profesional que evalúa el valor de una propiedad para determinar su precio justo de mercado.

Póliza de seguro: Un contrato que ofrece protección contra pérdidas o daños a una propiedad y se utiliza comúnmente en el caso de propiedades hipotecadas.

Posesión: El derecho de un individuo o entidad a tener el control y uso de una propiedad.

Puntos hipotecarios: Los "Puntos Hipotecarios" son tarifas adicionales que los prestatarios pueden pagar al obtener una hipoteca. Hay dos tipos: puntos de descuento (reducen la tasa de interés) y puntos de origen (cubren costos de tramitación). Pagar puntos puede reducir pagos mensuales y el costo total del préstamo, pero depende de la situación financiera y planes a futuro.

Registro de la propiedad: Un registro público que documenta la propiedad y los derechos de una propiedad inmobiliaria.

Revalorización: El aumento en el valor de una propiedad con el tiempo debido a factores como mejoras o condiciones del mercado.

Radón: Es un gas radiactivo inodoro e incoloro que se produce de forma natural por la descomposición del uranio en el suelo, rocas y agua subterránea. Puede filtrarse en los edificios a través de grietas y aberturas en los cimientos. La exposición prolongada al radón en altas concentraciones puede aumentar el riesgo de graves enfermedades pulmonares. La detección y mitigación del radón en los hogares son importantes para proteger la salud de los ocupantes.

Reparaciones: Las correcciones o arreglos realizados en una propiedad para mantenerla en buen estado.

Refinanciar: Obtener un nuevo préstamo hipotecario para reemplazar uno existente. Esto se hace para obtener una tasa de interés más baja, cambiar los términos del préstamo o aprovechar el valor acumulado de la propiedad. La refinanciación puede reducir los pagos mensuales y ahorrar dinero a lo largo del tiempo, pero es importante considerar los costos y beneficios antes de tomar la decisión.

Renta: El pago periódico realizado por un inquilino al propietario por el derecho de ocupar una propiedad.

Responsabilidad limitada: Una estructura legal que protege a los inversores de responsabilidad personal en ciertas inversiones inmobiliarias.

Remate: Una venta pública de una propiedad en la que el postor más alto obtiene la propiedad, generalmente utilizado en situaciones de ejecución hipotecaria.

Riesgo crediticio: La evaluación del riesgo de un prestatario para cumplir con sus obligaciones de préstamo, basado en su historial crediticio y capacidad financiera.

Tasación: Es el proceso de determinar el valor de una propiedad mediante una evaluación realizada por un tasador calificado.

Título de propiedad: Es un documento legal que certifica la propiedad de un inmueble y establece los derechos de un propietario sobre la misma.

Tasa de interés: Es el porcentaje que se aplica al préstamo hipotecario para comprar una propiedad.

Tasa de vacancia: Es el porcentaje de propiedades desocupadas o no arrendadas en una determinada área o mercado.

Terreno baldío: Es una parcela de tierra que no ha sido construida ni desarrollada.

Traspaso de propiedad: Es la transferencia legal de la propiedad de una persona o entidad a otra.

Valor de mercado: Es el precio estimado al que una propiedad se vendería en el mercado actual.

Venta corta (short sale): Es una transacción inmobiliaria en la que el propietario vende la propiedad por un monto menor a la deuda hipotecaria, y el prestamista acepta la venta para evitar la ejecución hipotecaria.

Vivienda multifamiliar: Es una propiedad residencial que consta de varias unidades habitables, como dúplex, tríplex o edificios de apartamentos.

Valoración: Es una estimación del valor de una propiedad realizada por un tasador o profesional calificado.

"El regalo más grande que puedes dejar a tu familia es un legado"

- Daniella Mateu

Bibliografía

- Allstate. (abril de 2023). ¿Qué es un deducible de seguro? Allstate. https://www.allstate.com/es/resources/what-is-a-deductible

- Bortz, D. (19 de febrero de 2018). 6 Ways Home Buyers Mess Up Getting a Mortgage. Realtor.com. https://www.realtor.com/advice/finance/ways-home-buyers-mess-up-mortgage/

- Bortz, D. (6 de marzo de 2019). 10 Questions to Ask a Mortgage Lender: Do You Know Them All? Realtor.com. https://www.realtor.com/advice/finance/10-questions-ask-mortgage-lender/

- Exeter 1031 Exchange services llc. (s.f.). What is the Definition of a 1031 Exchange? Exeter 1031 Exchange services llc. https://www.exeterco.com/what_is_a_1031_exchange_definition

- Orlando, M. (2005). Capítulo 1: Comprar una vivienda. Bienes Raíces en Florida: Guía Práctica: Antes de Vender o Comprar una propiedad (pp. 1 - 8). Authorhouse.

- Orlando, M. (2005). Capítulo 2: Trabajar con un agente inmobiliario (Realtor). Bienes Raíces en Florida: Guía Práctica: Antes de Vender o Comprar una propiedad (pp. 9 - 18). Authorhouse.

- Orlando, M. (2005). Capítulo 5: Seguros para la propiedad. Bienes Raíces en Florida: Guía Práctica: Antes de Vender o Comprar una propiedad (pp. 54 - 61). Authorhouse.

- Paz Económica Asesores Inmobiliarios. (s.f.). 7 errores principales que cometen inversionistas en propiedades de renta/arrendadores. Paz Económica Asesores Inmobiliarios. https://pazeconomicaasesores.com/7-errores-principales-que-cometen-inversonistas-en-propiedades-de-renta-arrendadores/

- Paz Económica Asesores Inmobiliarios. (s.f.). La manera más efectiva de hacer una oferta. Paz Económica Asesores Inmobiliarios. https://pazeconomicaasesores.com/la-manera-mas-efectiva-de-hacer-una-oferta/
- Paz Económica Asesores Inmobiliarios. (s.f.). La decisión de comprar un inmueble. Paz Económica Asesores Inmobiliarios. https://pazeconomicaasesores.com/la-decision-de-comprar-un-inmueble/
- Paz Económica Asesores Inmobiliarios. (s.f.). Preparando su propiedad para la venta. Paz Económica Asesores Inmobiliarios. https://pazeconomicaasesores.com/preparando-su-propiedad-para-la-venta/
- Ramsey Solutions. (18 de septiembre de 2023), Types of Mortgage Loans: Which Is Right for You? Ramsey Solutions. https://www.ramseysolutions.com/real-estate/types-of-mortgages
- U.S. Bank. (12 de mayo de 2023). What's the difference between Fannie Mae and Freddie Mac? U.S. Bank. https://www.usbank.com/financialiq/improve-your-operations/increase-efficiency/whats-the-difference-between-fannie-mae-and-freddie-mac.html
- Wiebe, J. (s.f.). Terminología Y Acrónimos. Realtor.com. https://www.realtor.com/espanol/quierocomprar/glosario-inmobiliario/

Made in the USA
Columbia, SC
22 December 2023

27902493R00050